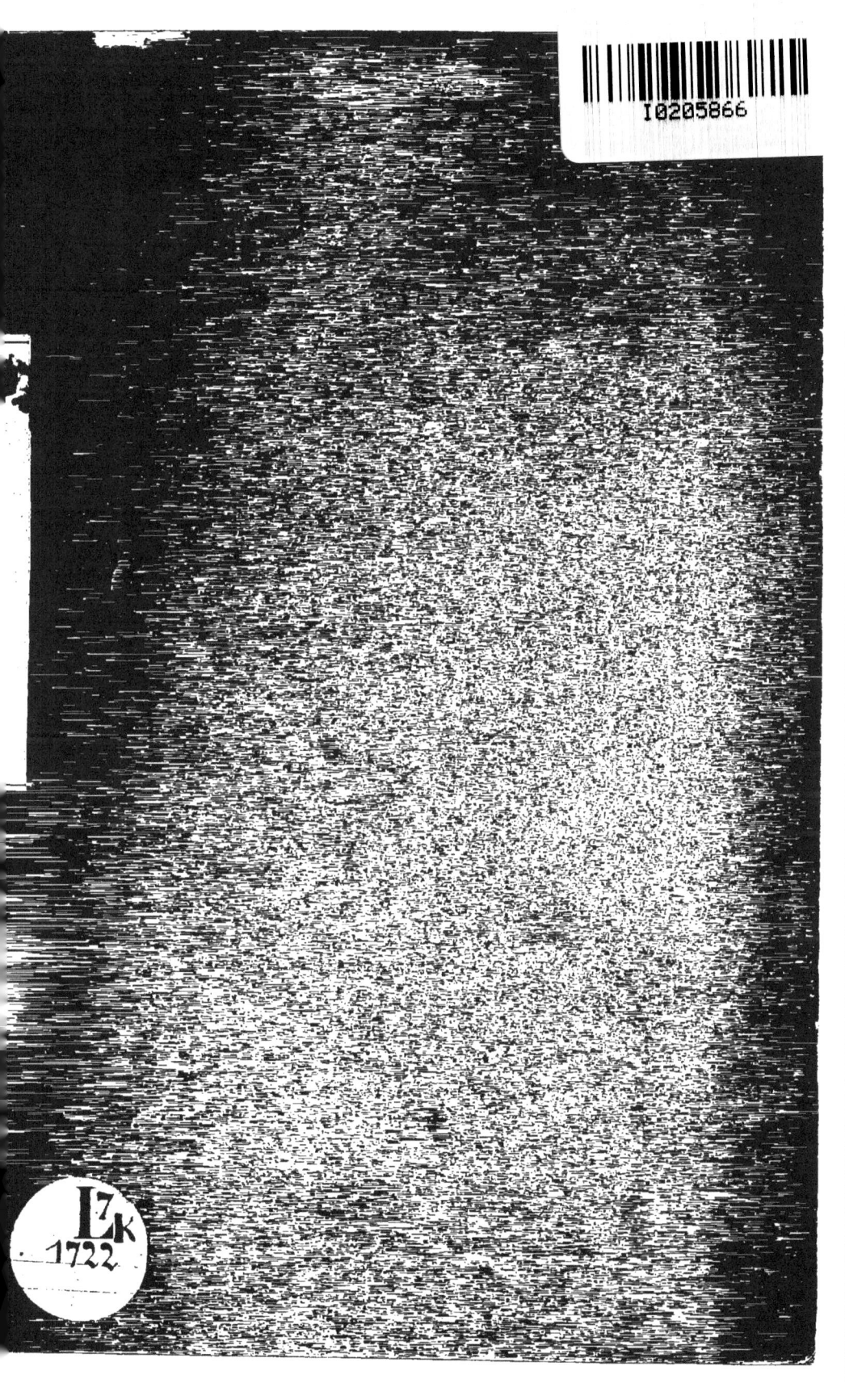

LK7/1722

NOTICE

SUR

L'ANCIEN COUVENT

DE CHALAIS.

1844

Société de Statistique du département de l'Isère.

SÉANCE DU 20 AVRIL 1844.

(Extrait du Bulletin.)

NOTICE

SUR

L'ANCIEN COUVENT

DE CHALAIS,

Par M. J.-J.-A. Pilot.

L'ANCIEN couvent de Chalais, situé sur le territoire de Voreppe, au milieu d'un bassin formé par les montagnes qui dominent ce bourg et à peu de distance du pic la Grande Aiguille, d'où l'on découvre un horizon des plus magnifiques, a été fondé par saint Hugues, évêque de Grenoble, vers l'an 1108, et placé par cet évêque sous la règle de saint Benoît. Guigues III, alors comte du Graisivaudan, et sa femme Mathilde, qualifiée de *reine* dans des anciens titres, concoururent à sa fondation; ils lui donnèrent, l'un et l'autre, une étendue considérable de fonds en pâquerages, en bois et en terres; le tout s'étendant depuis le rocher de Mont-Saint-Martin jusqu'à la Roize, et depuis un lieu appelé *ad Extrictos* (aujourd'hui les Etroits) jusqu'à un autre lieu appelé *Solii*, nommé de nos jours le *Soliat* ou *Souliet*. Cette donation est datée du 2 des calendes de novembre (31 octobre) 1110; elle contient l'indication des biens donnés et la souscription à cette donation par Guigues dauphin, et Humbert, deux fils des donateurs. *Au nom de Notre-Seigneur Jésus-Christ, nous, Guigues, comte, et ma femme, reine, nommée Mathilde, donnons à Dieu Seigneur, à la bienheureuse Marie du Mont-Chalais, aux frères qui y desservent le Seigneur, et à leurs successeurs à perpétuité, les terres qui sont dans le circuit de ladite église........ Que celui qui attaquera (inquietaverit) cette donation soit excommunié par Dieu le Père, le Fils et le Saint-Esprit, par les fidèles évêques et les prêtres, à moins qu'il n'y renonce, et qu'il reçoive sa place dans l'enfer avec le traître Judas. Cette charte a été faite le 2 des calendes de novembre, l'an de l'incarnation du Seigneur 1110, la trentième année du pontificat du seigneur Hugues, évêque de Grenoble. — Seing de Guigues, comte, qui a fait cette donation; seing de Mathilde, reine, qui a fait cette donation et qui l'a aussi approuvée; seing d'Olderic, maître; seing d'Etienne Romain; seing de Garin, prieur; seing de Bernard; seing de Pierre Roddan. Ont fait cette donation Guigues, comte, et Mathilde, reine, sa femme; ont semblablement donné et approuvé leurs fils, Guigues dauphin, et Humbert. Amatus a écrit* (1).

Chalais fut d'abord une abbaye, célèbre dès son origine, et dont la fondation, due à un prélat aussi distingué que saint Hugues, fit si grand bruit dans le pays, qu'il y eut des chartes datées de sa *construction*. Guigues, cinquième prieur général de la Grande-Chartreuse et ami du saint évêque dont il a écrit la vie, et qui mourut peu d'années après lui, en 1137, nous présente la fondation de cette abbaye comme l'une des principales actions de saint Hugues et comme celui de ses actes qui, après la part active qu'il prit à la fondation de la Grande-Chartreuse, contribua le plus au bien du peuple et du clergé de son diocèse. Guigues qualifie ce couvent de Chalais d'*abbaye* (2).

A l'abbaye de Chalais a été réunie, en 1133, celle de Boscodon, dans le diocèse d'Embrun, fondée quelques années au-

(1) Anciennes archives de la chambre des comptes du Dauphiné, registre 8 *copiarum Graisivaudani*, cahier 47, *de Calesyo*.

(2) *Ut enim taccamus quæ clero pariter et plebi per eum bona provenerunt eremus Carthusiæ, Calesiensis abbatia, Excubiarum eremus, regularium canonicorum apud Miserenum et apud sanctum Georgium domus, ipso adnitente cœperunt, ipso specialiter et corporaliter favente profecerunt.* (Vie de saint Hugues. Bollandistes; 1er avril.)

paravant par Guillaume de Bénévent, archevêque de cette ville, Lentelme de Bénévent son frère, Ponce Albert, Guillaume et Pierre de Mont-Mira, et où furent appelés des moines tirés de Chalais, qui jouissait alors d'une grande réputation (1). Les deux abbayes furent, dès lors, assujetties à la même règle et soumises au même abbé. Unies par ces mêmes liens, les deux maisons de Chalais et de Boscodon formèrent longtemps une seule et même communauté, désignée dans les titres anciens sous le nom d'*ordre des frères de Chalais*. Une charte datée de l'année 1157 s'exprime ainsi : *Aux frères de tout l'ordre, c'est-à-dire aux frères de Chalais et aux frères de Boscodon*. Une autre charte de la même année est plus expresse encore ; elle contient ces termes : *Aux frères de l'ordre de Chalais (fratribus ordinis Calesii)*. Ces deux chartes sont deux donations faites aux religieux de cet ordre par Raimond, comte de Barcelone, du droit de faire pâquerer leurs troupeaux dans l'étendue de ses terres ; la première des deux chartes renferme, de plus, que les bêtes de somme chargées de sel et d'autres choses *honnêtes* pourront passer dans toute l'étendue de ces mêmes terres sans être astreintes à payer aucun droit de péage ou d'usage (2).

Qu'il soit connu à tous que moi, Raimond, comte de Barcelone, prince du royaume d'Arragon et marquis de Provence, donne et concède, pendant tout le temps de ma vie, à Guigues, abbé de la bienheureuse Marie de Boscodon, et aux frères de tout l'ordre, c'est-à-dire aux frères de Chalais et de Boscodon, le droit d'user des pâturages pour leurs brebis, dans toute ma terre, et celui d'y faire passer leurs bêtes de somme portant du

(1) *Ut utest hoc cœnobium (Boscodon) fundatores habuit an. 1130, Pontium Alberti, Guillelmum et Petrum de Monte-Mira, nobiles Ebredunenses, ac, post duodecim annos cum jam secundum institutionem Calesiensum monachorum informatum esset, eosdem Pontium Alberti et Guillelmum de Monte-Mira cum Tranquerio insignes benefactores probavit, de quibus omnibus instrumenta, si placet, consulenda sunt. Porro, sub hac nova professione benedictina quæ in diocœsi Gratianopolitana mira sanctitate florebat Boscodonenses tam uberes pietatis fructus ediderunt, ut, etc.... (Gallia christiana, Parisiis, ex typographia regia; 1725, tom. 3. Archiep. Ebredunensis ; ab. Boscodunensis.)*

(2) Ancien cartulaire de Boscodon.

sel ou autres choses honnêtes, sans péage ni droit d'usage. Je leur permets, en outre, s'ils veulent acquérir un bien dans madite terre, d'y travailler, pour en tirer la subsistance nécessaire à leurs propres bergers. † *Sceau du comte Raimond. Ceci a été fait l'an de l'incarnation du Seigneur* 1157, *en présence de Pierre, évêque de Fréjus; d'Hugues, prévôt de Piniac; de Bertrand, prieur du monastère de Marseille; de Rostaing, moine de Boscodon; de Guinand de Simiane; de Bernard de Beaulieu; d'Arnauld de Lercieu; de Pierre des Champagnes et de Rostaing de Tarascon. Seing de Guillaume-Pierre, qui a écrit cette charte. Donné à Aix, le 3 des ides de juillet.*

L'ordre de Chalais, formé, comme on le voit, des deux abbayes de Chalais et de Boscodon, a été un chef d'ordre ayant sous sa dépendance les couvents de St-Michel-de-la-Cluse, près de Turin, de Saint-Michel-de-la-Conche, de Château-Roux, près d'Embrun, de Lure, dans le diocèse de Sisteron, de Failfoc et de Lavert, dans le diocèse de Digne, et du Puys, dans le diocèse d'Arles. Voici quels ont été les abbés généraux de cet ordre pendant tout le temps qu'ont été réunies les abbayes de Chalais et de Boscodon, depuis la première moitié du XII° siècle jusque vers la fin du siècle suivant, c'est-à-dire pendant un siècle et demi, et les bienfaiteurs qui, à notre connaissance, ont signalé, pendant ce temps, leur piété envers la première de ces deux abbayes:

Guillaume Ier, de Lyonne, premier abbé général, vivait en 1133.

Guigues Ier, de Revel, vivait en 1145; depuis évêque de Digne. C'est sous lui qu'ont été faites à l'ordre de Chalais les deux donations dont nous venons de parler.

Guigues II, en 1172.

Pierre Ier, en 1179.

Guillaume II, de Torrère (*de Torreria*), vivait en 1180. Trois ans après, Pierre Romain, archevêque d'Embrun, rétablit dans le couvent de Boscodon la règle monastique, qui y avait souffert quelque altération, et ordonna que ses religieux reprendraient l'habit blanc, qui était celui de leur institut, et qu'ils vivraient sous la règle de l'ordre de Chalais. (1)

(1) Cartulaire *ibid.—Gallia christiana;* tom. 3; abbaye de Boscodon.

Rostaing Ier succède à Guillaume II, en 1190.
Guillaume III, en 1193 et en 1195.
Pierre II vivait en 1196.
Gaudemar. Il obtint du pape Innocent III, en 1198, une bulle par laquelle furent confirmés les priviléges et les droits de l'ordre de Chalais.
Guillaume IV, en 1197 et en 1199.
Guigues II, subrogé, la même année, à Guillaume IV.
Guillaume V, en 1204 et en 1205.
Gerard ou Giraud, en 1205.
Reymond, en 1210.
Rostaing II, en 1216. Cette année, par un acte du mois de mai, le dauphin comte d'Auvergne approuva une donation faite à l'église de Chalais par Othemar Randan et ses enfants Eynard et Humbert, de tout ce qu'ils tenaient en fief du dauphin dans le mandement de Voreppe; il confirma, en faveur des religieux de la même église, divers droits et une *cense* qui leur était due par Guigues de la Balme, et leur donna lui-même deux pièces de terre situées au mas de Royère (1).

Guigues III, de la Scale (*de Scala*), en 1222. La dauphine Béatrix, veuve d'Hugues III, duc de Bourgogne, et mère du dauphin Guigues-André, mit, cette année, l'ordre de Chalais et les biens qu'il possédait sous sa protection. Ce fut l'année suivante que le dauphin Guigues-André, s'étant rendu à Chalais, où il trouva l'abbé et tous les religieux du couvent qui l'attendaient (il est dit dans l'acte que ces religieux portaient le manteau blanc, *veniens Calesium in abbatia albi sui ordinis*), il leur accorda ce qu'ils lui demandèrent, savoir, que leur abbé fût son propre et spécial chapelain; que, lorsqu'il irait

(1) Anciennes archives de la chambre des comptes; registre coté: *In isto libro continentur informationes concernentes dominum nostrum dalphinum in pluribus et diversis baillivatibus;* cah. 71. — Les comtes d'Auvergne étaient alliés aux dauphins, comtes du Graisivaudan par la comtesse *Marquise*, fille de Guigues IV dit Dauphin, mariée à Robert IV, comte d'Auvergne, et à qui elle avait apporté, en dot, entre autres biens, les terres de Voreppe et de Varacieu. Cette alliance fut cause que les descendants de Robert prirent le titre ou surnom de Dauphin: les deux terres ci-dessus retournèrent plus tard aux dauphins de Viennois, par la cession qu'en fit le dauphin, comte d'Auvergne, au dauphin Guigues-André en 1225.

à la cour, il fût reçu, traité et entretenu aux dépens du dauphin; qu'il reçût l'avoine pour sa monture, et qu'il fût regardé, en un mot, non comme un étranger, mais comme l'un de ses commensaux. Le prince s'engagea en même temps, si quelque injure leur était faite, d'employer aussitôt ses officiers et amis à en tirer une prompte satisfaction, défendant à ses vassaux d'enlever aucun homme ou aucun animal, de commettre aucun larcin, de conduire aucun troupeau, enfin, d'exercer aucun dommage dans les limites du territoire de ladite abbaye. Le Dauphin déclara, au surplus, que tous ces privilèges leur avaient déjà été concédés dans des titres dont son médecin lui avait donné l'interprétation, et confia l'exécution de cette charte à Obert, son maréchal, et au châtelain de Voreppe (1).

Guillaume V, en 1226. La dauphine Béatrix, duchesse de Bourgogne, dont nous venons de parler, donna, par son testament du 14 décembre 1228, à l'abbaye de Chalais, une somme de 25 livres viennoises ou 500 sols, pour un anniversaire le jour de son décès (2). Deux ans après, au mois d'avril 1230, Pétronille, veuve d'Humbert de Vourey, et Philippe, son fils, donnèrent à la même abbaye, entre les mains de son abbé, une portion de terre qu'ils avaient contre l'Isère, confinant du levant le mas ou lieu des Charnevoz, du couchant le chemin public qui allait au port, du midi l'Isère et du nord le lieu de Ravinos, avec tout ce qu'ils avaient auxdits lieux de Charnevoz et de Ravinos; choses et biens dont l'investiture fut passée à l'abbé de Chalais par Gauffrey ou Geoffroy, seigneur de Moirans, le 5 juin 1231 (3). Deux ans après, par un acte du 6 février 1233, le dauphin Guigues-André investit le même abbé de la maison de Chalais d'une partie de terre et bois situés audit mas de Ravinos, et de tout ce qui était dans l'enclos de la même maison de Chalais, en échange de la somme de 25 livres viennoises léguée à cette abbaye par la dauphine Béatrix (4).

(1) Cahier 47, registre 8, *copiarum Graisivaudani.*
(2) *Abbatie Calesienci D solidi, pro anniversario acquirendo.* (Bibliothèque royale de Paris; cartulaire du Dauphiné; tom. 2.)
(3) Anciennes archives précitées: *Primus liber; copie plurium instrumentorum judicat. Graisivaudani*, lettre A, fol. 569.
(4) *Ibid.*

Guigues IV, de l'Escale, en 1233. Le dauphin Guigues-André, par son testament du 4 mars 1236, donna au monastère de Chalais 20 livres pour son anniversaire et choisit son abbé qu'il institua pour l'un de ses exécuteurs testamentaires, conjointement avec l'évêque de Grenoble et le prévôt du chapitre de l'église collégiale de Saint-André (1). L'abbé Guigues vivait encore en 1244.

Richame ou Richane, en 1248. Philippe de Vourey, au mois de juillet 1250, confirma la donation faite précédemment par sa mère Pétronille à l'abbé de Chalais ; par le même acte, le dauphin Guigues VII promit de *défendre le tout en faveur dudit abbé* (2).

Guillaume VI, de Cayras, en 1253.

Guillaume VII, de Vachères (*de Vascherias*), en 1267. Le dauphin Guigues VII, fils de Guigues-André, par son testament du 27 juin de cette année, légua au monastère de Chalais 30 livres (3).

Guillaume VIII, de Bordel (*de Bordellis*), en 1271 et 1272. Cette dernière année, la dauphine Béatrix, veuve du dauphin Guigues-André, accorda sa protection à l'abbaye de Chalais par des lettres datées de Vizille. Le même Guillaume était encore abbé général en 1274.

Arnoul Ier, en 1275.

Bernard, mort en 1282.

Arnoul II, ou Arnoulphe, de Tourres (*de Turriis*), en 1282 et en 1285.

Pierre III, de Corps (*de Corvo*), en 1286. Au mois de mars de cette année, le dauphin Humbert II, sur la prière de l'abbé et des religieux du monastère de Chalais, confirma, par de nouvelles lettres, les concessions faites audit monastère et les

(1) *Monasterio Calesii XX libras pro anniversario* (*Testamentum Guigonis-Andree dalphini Viennensis*).
(2) Registre : *Primus liber, copie plurium*, etc., etc.
(3) *Item monasterio Calesii vig. lib. pro anniversario..... constituit et ordinavit dictus comes executores, et pro anima sua commissarios episcopum Gratianopolitanum et abbatem Calesii et prepositum sancti Andree Gratianopolis et voluit ac precepit ut tam Beatrix uxor sua tutrix, quam Guigo filius suus per omnia in predictis obediant et satisfaciant commissariis pretaxatis.* (*Testamentum Guigonis dalphini Viennensis*).

privilèges à lui accordés par le comte Guigues et sa femme ; mit son abbé et ses religieux sous sa sauvegarde ; prohiba la chasse dans les limites de leurs terres ; défendit d'y couper du bois, et permit au même abbé et aux mêmes religieux d'acquérir des biens *de sa mouvance, soit francs, soit sujets à un cens annuel;* il les exempta en même temps, dans l'étendue de ses états, de payer tous péages, pour leurs bestiaux et pour les choses qui leur seraient nécessaires. Il ajouta à ces dons celui de la maison d'un nommé Guillaume de Ruchier, avec ses appartenances (1) ; mais alors et depuis longtemps, les abbés généraux de Chalais avaient changé de résidence et transféré leur siége à Boscodon, cause de l'abandon dans lequel était peu à peu tombée l'abbaye de Chalais. Elle fut même bientôt délaissée à un tel point que, peu d'années après, Guillaume IV, évêque de Grenoble, la donna aux chartreux, en 1303.

En passant sous la dépendance de ces derniers, Chalais devint une chartreuse particulière administrée par un prieur.

En 1310, le dauphin Jean II ordonna au châtelain de Voreppe et à ses successeurs de protéger le prieuré de Chalais, de l'ordre des chartreux, dans la paisible possession de faire paître son bétail dans les pâturages de la paroisse de Pommiers et dans les montagnes voisines, conformément aux concessions qui lui en avaient été faites (2).

Le dauphin Guigues VIII, blessé à mort au siége du château de la Perrière, sur la commune de St-Julien-de-Ratz (3), près de Voreppe, le mercredi après le 22 juillet 1333, et transporté près de là, dans une grange où, avant de mourir, il fit quelques dispositions de dernière volonté, n'oublia pas la chartreuse de Chalais, à laquelle il légua 50 livres (4).

(1) Registre : *Primus liber, copie plurium*, etc., lettre A, fol. 576.
(2) *Ordinatio D. dalphini.* Registre 4. *Copiarum Graisivaudani*, fol. 67.)
(3) Sur la paroisse de Saint-Julien-de-Ratz, les chartreux de Chalais avaient un lac pour lequel il existe un acte daté du 24 février 1401, passé par Gonnet jeune, Pierre Faure dit Samiel, et d'autres habitants de cette paroisse, qui reconnurent le tenir de ces chartreux, sous la *cense* annuelle de 20 sols et d'une ration de pitance de poissons. (*Caisse du Graisivaudan.*)
(4) *Item domui de Chalais de Cartusia quinquaginta libras.* (*Nota testamentis Guigonis dalphini in exercitu ante Perreriam.*)

Jean Chayste était prieur du couvent de Chalais en 1339. Cette année, le dauphin Humbert II, par un acte daté du Pont-de-Sorge, du 19 mars, et où il rappelle l'origine et l'ancienne splendeur de cette maison religieuse, confirma, en sa faveur et en celle de son prieur, tous les privilèges que ses prédécesseurs lui avaient accordés. Il est consigné, dans cet acte, que Chalais a été fondé, doté et dédié par ses ancêtres, c'est-à-dire par le comte Guigues et par sa femme Mathilde, issue de race royale (*genere regina*), qui y établirent des moines blancs vivant sous un abbé et sous la règle de saint Benoît; que le comte Guigues, leur fils, la comtesse Marquise, le dauphin d'Auvergne son cousin, et plusieurs autres, spécialement le dauphin André, d'heureuse mémoire, Humbert Ier et la dauphine Anne l'ont comblé, à diverses époques, de plusieurs bienfaits et de privilèges, et que, par la succession des temps et suivant le vouloir du Seigneur, ledit monastère, après diverses vicissitudes, est advenu finalement, à titre légitime, à l'ordre des chartreux, transfert dont lui, dauphin, est content, parce qu'il chérit cet ordre comme l'ont chéri ses prédécesseurs, ainsi qu'ils l'ont prouvé par les nombreuses fondations du même ordre qu'ils ont faites eux-mêmes (1). Cet acte constate, de plus, qu'Humbert II accorda aux chartreux de Chalais la vaine pâture dans les mandements de la Tour-du-Pin et de Voreppe, et le libre débit de leurs vins en gros et en détail, et à toutes les époques de l'année, nonobstant les droits du ban; ce prince les exempta aussi de toutes tailles et d'exactions quelconques, en même temps qu'il chargea les châtelains de Voreppe et de Cornillon de condamner à une amende de 15 sols tous ceux qui, poussés par le démon, se rendraient coupables envers eux de sévices et d'injures; en un mot, il mit eux et leurs biens sous sa protection: pour cette sauvegarde, ces religieux payaient aux dauphins une obole d'or chaque année.

En 1350, Randonne, veuve de Jean de Paucace, fit donation aux chartreux de Chalais de tous ses biens, situés dans le mandement de Voreppe.

(1) Registre: *In isto libro continentur informationes concernentes dominum nostrum delphinum*, etc.; cah. 71.

En 1361, les mêmes religieux furent maintenus, par une ordonnance du gouverneur du Dauphiné, dans la possession de quelques droits de cens et de rentes, dans laquelle les avaient troublés les châtelains de Voreppe et de Montbonnot. Ils furent depuis confirmés dans cette même possession et dans celle de tous leurs priviléges par le roi Charles VI, dauphin de Viennois, suivant lettres patentes datées de Paris, du 12 mars 1392. (1). Ces lettres sont la confirmation générale de toutes les concessions faites au monastère de Chalais par les anciens Dauphins. Peu d'années après, le jeune dauphin Louis, son fils, duc de Guienne, par des lettres datées de la même ville, du 11 novembre 1412, signala aussi sa bienfaisance envers le même monastère, dont l'église, ainsi qu'il est dit dans le contenu de ces lettres, était si délabrée, qu'on était sur le point d'y suspendre le culte : le Dauphin ordonna au trésorier du Dauphiné de compter aux chartreux de Chalais une somme de cent livres, destinée aux réparations de l'édifice sacré, et *non autrement :* ce sont les propres termes de l'ordonnance (2).

Pierre Cuynet, prieur de la chartreuse de Chalais, vivait en 1453.

Jean Mulet, prieur de la même Chartreuse, fournit, le 19 mars 1540, au vibailli du Graisivaudan, l'état ou dénombrement des biens de sa maison dans les châtellenies de Voreppe, et de Saint-Laurent-du-Pont; il déclara tenir et posséder les fiefs et arrière-fiefs, terres et possessions ci-après, savoir : dans la première de ces châtellenies, ladite maison de Chalais, au-dessus de Voreppe, et cinq cents sétérées de bois, prés et pâturages à l'entour, objet de la fondation faite par le comte Guigues, en 1110, avec trois montagnes, bois et pâturages, le tout contenant huit cents sétérées; une autre montagne, bois, prés et pâquerages de trois cents sétérées, pour laquelle il était payé au roi dauphin une *cense directe;* une vigne et un grangeage appelés Haute-Farc ; une prairie de soixante sétérées ; des terres labourables du contenu de vingt *sommées* (3),

(1) *De Calesyo.* (Registre précité : *Octavus liber, etc.,* cahier 47.)
(2) Archives de la chambre des comptes : *Secundus liber copiarum Graisivaudani,* lettre B, fº 86.
(3) *Sommée* de terre, étendue de terre cultivée rendant une sommée.

et les moulins situés près et au-dessus de la même *ville* de Voreppe, faisant également *cense et directe* au roi dauphin, et dans la châtellenie de Saint-Laurent-du-Pont, quinze sétérées de prés avec un moulin et une scie à eau (une *seyte*) donnés autrefois à l'abbaye de Chalais par un comte de Savoie, le tout *franc*; une terre appelée Grepie, du contenu de trois sommées; une terre appelée les Côtes, de quatre sommées, le tout également *franc*. Les rentes ou redevances dues aux chartreux de Chalais dans les deux mêmes châtellenies et dans celle de Cornillon, et qui sont indiquées dans le même état ou dénombrement de 1540 étaient : dans la châtellenie de Voreppe, vingt-six charges ou *sommées* (1) de froment, douze sommées d'avoine, quatre *bichets* (2) de seigle et six florins argent ; dans celle de Saint-Laurent-du-Pont, trente sommées de froment, huit sommées de seigle, vingt-quatre sommées d'avoine et sept florins argent, et dans la châtellenie de Cornillon, cinq sommées de froment, trois sommées d'avoine et un florin argent, dus par divers débiteurs.

Jacques Julien était prieur de Chalais en 1549.

En 1580, la chartreuse de Chalais fut réunie au chef d'ordre (3).

En 1640 ; a été relevé le bâtiment claustral de Chalais, aux frais de la Grande-Chartreuse; l'époque de cette reconstruction se lit au bas d'une inscription dans le corridor du premier étage :

SUMPTIBUS

CARTUSIÆ

ANNO DNI

1640.

Aux frais de la Chartreuse, l'an du Seigneur 1640.

Ainsi réuni au chef d'ordre et devenu une simple *rectorie* de la Grande-Chartreuse peu éloignée de Voreppe, le couvent de Chalais est resté en son pouvoir jusqu'en 1790. Pendant ce temps, cet ancien couvent ne rappelle rien de remarquable ;

(1) *Sommée*, charge d'une bête de somme; c'est-à-dire deux sacs.
(2) *Bichet* ou quartal, quart de la sommée.
(3) *Histoire de Grenoble*, p. 275.

il a été, jusqu'au dernier moment, une maison destinée à recevoir les religieux à qui l'âge et les infirmités ne permettaient pas de supporter les rigueurs du climat de la Chartreuse mère; ils trouvaient là une température plus douce et un séjour moins froid et bien moins sévère. Nous ajouterons que, par suite de la réunion de Chalais à la Grande-Chartreuse, ce chef d'ordre, en possession de ses biens et de ses propriétés, demanda, quelques années avant la révolution, à partager avec le seigneur de Voreppe ses droits honorifiques, ce qu'il obtint; il prit alors le titre de coseigneur de Voreppe. Ici finit l'histoire de Chalais; le couvent, l'église et son clocher sont encore debout: cette église, d'une bonne architecture, et qui a été respectée par les propriétaires qui l'ont possédée depuis qu'elle a été vendue comme bien national, ne paraît pas dater, telle qu'elle est, de l'époque de la fondation du couvent. L'ordonnance du dauphin Louis, de 1412, que nous avons citée, et deux dates, l'une de 1572 et l'autre de 1773, qui se trouvent, la première, sur la porte conduisant au grand escalier du cloître, et la seconde, sur la façade principale, constatent assez qu'elle a dû être restaurée et réparée à diverses époques. Dans tous les cas, l'église a la forme d'une croix grecque. Le plein cintre et l'ogive y sont employés; au milieu de la voûte sont quatre écussons où sont sculptés les symboles des quatre évangélistes : sur un médaillon central est représenté un agneau levant le pied gauche, sur lequel est fixée une croix.

A l'église est jointe une chapelle, autrefois sanctuaire renommé de la Vierge, et où se voit encore l'ancienne statue de bois doré de la mère du Sauveur : cette chapelle était destinée à recevoir les habitants des communes voisines qui s'y rendaient en pèlerinage à certaines époques de l'année. On ouvrait alors les portes qui donnent sur la terrasse, et les femmes entendaient la messe sans pénétrer dans l'enceinte du monastère ; au-dessus de la porte de la chapelle est la date de 1751.

Les anciens tableaux, les stalles du chœur, une cloche et l'horloge des Chartreux ont été conservés, ainsi qu'une inscription en lettres d'or qu'on lit au fond du grand corridor du couvent, et qui retrace le bonheur goûté dans le silence de la vie contemplative : *Lætati sunt quia siluerunt* (ps. 106).

On doit citer aussi, comme un souvenir de Chalais, une belle promenade tracée autrefois par les Chartreux, et qui a été aussi respectée. Les charmes du site, la solitude du lieu, tout rappelle dans ce désert la paix de l'âme et la tranquillité du cœur. Il ne manque à Chalais, pour lui rendre son ancienne vie, que des cénobites, le chant du cloître et le son de la cloche qui annonce la prière.

L'ancien couvent de Chalais vient d'être acheté de M. François Sappey, avocat à Grenoble, son précédent propriétaire, par le R. P. Lacordaire, le 5 avril 1844.

SISTE VIATOR.

FIN.

Grenoble, imp. Prudhomme. — 1844.

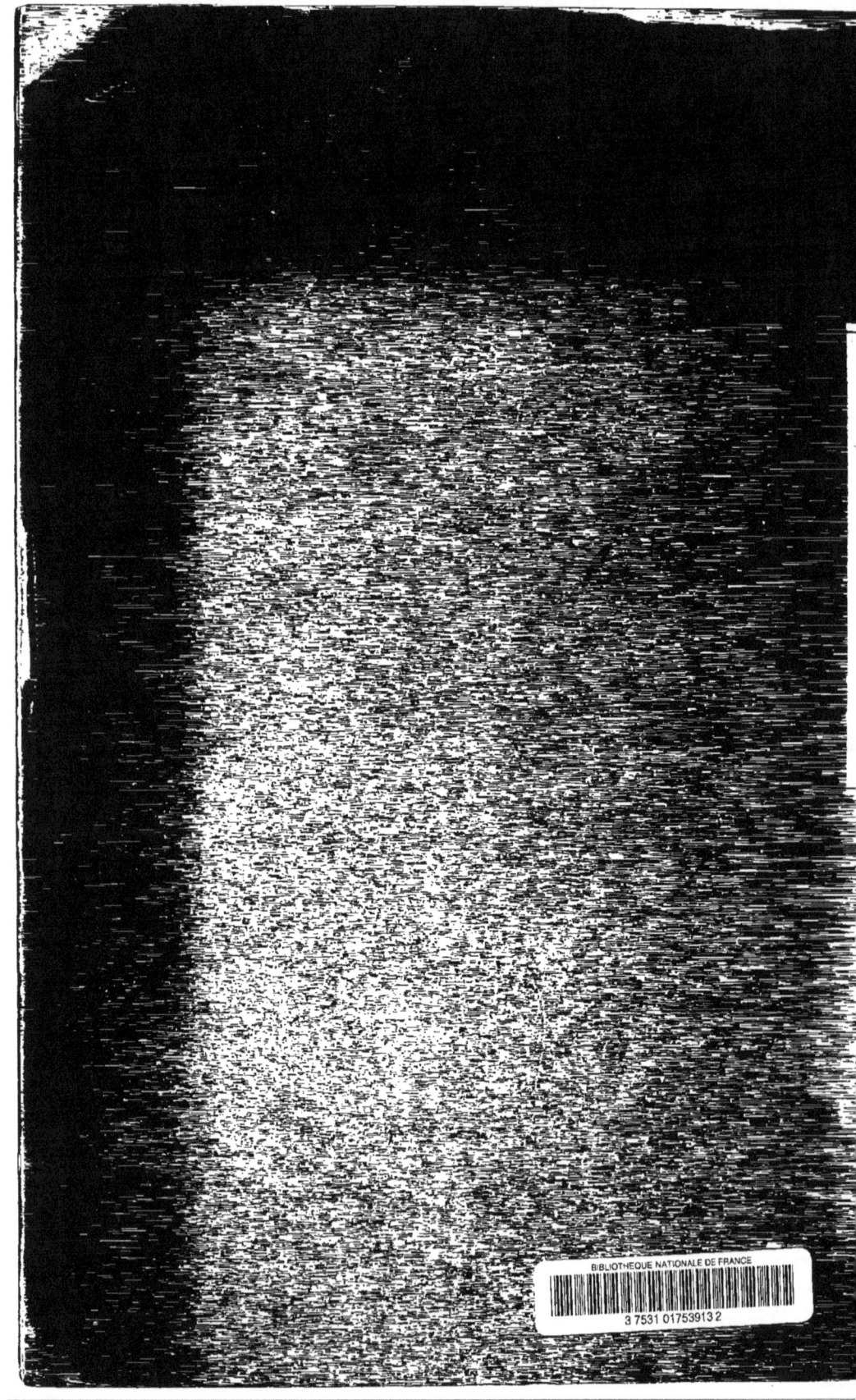

www.ingramcontent.com/pod-product-compliance
Lightning Source LLC
Chambersburg PA
CBHW060444050426
42451CB00014B/3217